LA FRANCOPHONIE

Jean-Louis Joubert

CLE
INTERNATIONAL

© CLE International, 1997 - ISBN : 209 031 994 - 1

Sommaire

Chapitre I	Le français à travers les siècles	9
Chapitre II	Les espaces francophones	17
Chapitre III	Les français d'ailleurs	31
Chapitre IV	Des littératures francophones ?	39
Chapitre V	Les institutions francophones	51

Les mots ou expressions suivis d'un astérisque* dans le texte sont expliqués dans le Vocabulaire, page 59.

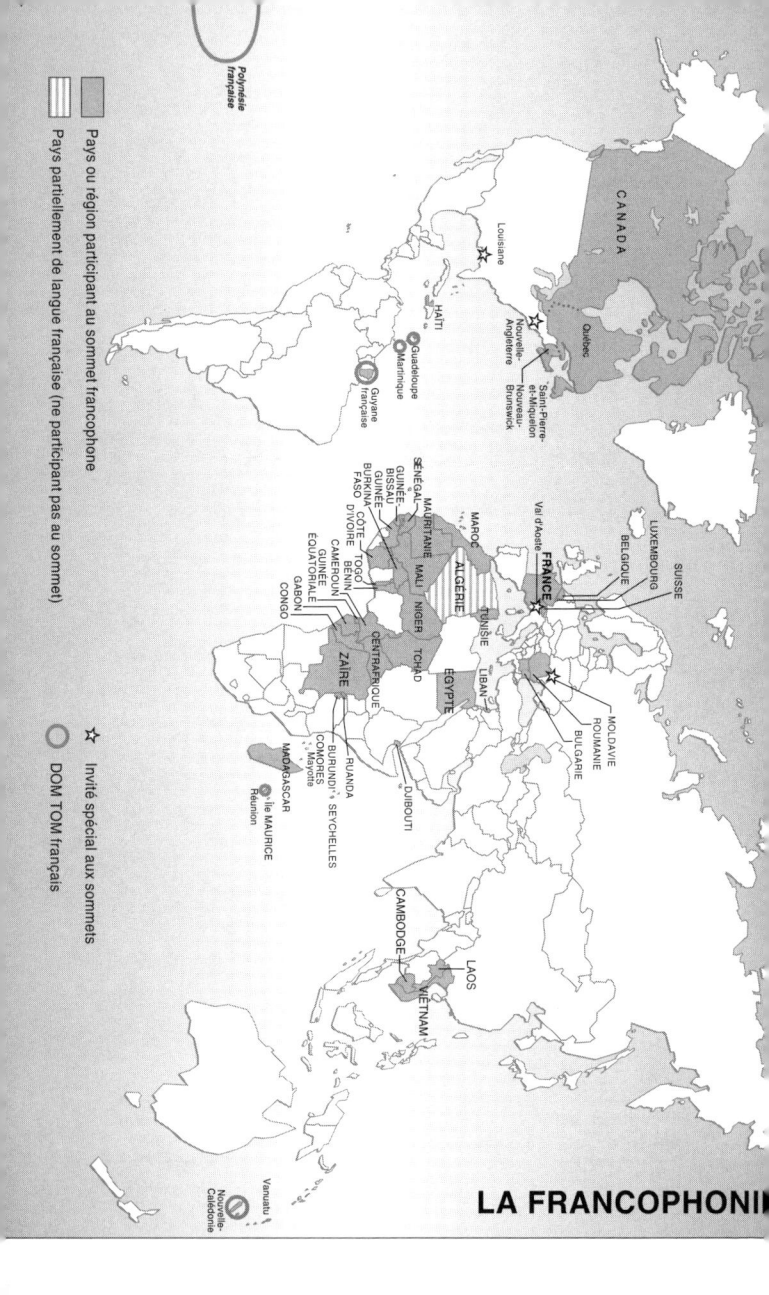

LA FRANCOPHONIE

- Pays ou région participant au sommet francophone
- Pays partiellement de langue française (ne participant pas au sommet)
- ☆ Invité spécial aux sommets
- ◯ DOM TOM français

Polynésie française

CANADA
Louisiane
Saint-Pierre-et-Miquelon
Nouvelle-Angleterre
Québec
HAÏTI
Guadeloupe
Martinique
Guyane française

MAURITANIE
SÉNÉGAL
GUINÉE-BISSAU
GUINÉE
BURKINA FASO
CÔTE D'IVOIRE
TOGO
BÉNIN
MALI
NIGER
TCHAD
CENTRAFRIQUE
CAMEROUN
GUINÉE ÉQUATORIALE
GABON
CONGO
ZAÏRE
RUANDA
BURUNDI
COMORES
Mayotte
SEYCHELLES
DJIBOUTI
MADAGASCAR
Réunion
Île MAURICE

MAROC
ALGÉRIE
TUNISIE
ÉGYPTE
LIBAN

Val d'Aoste
FRANCE
BELGIQUE
LUXEMBOURG
SUISSE
MOLDAVIE
ROUMANIE
BULGARIE

CAMBODGE
LAOS
VIÊT-NAM

Vanuatu
Nouvelle-Calédonie

LES MOTS « francophone* » et « francophonie » sont d'un usage récent. Les dictionnaires fixent à 1880 la date de leur entrée dans la langue. Un géographe, Onésime Reclus, avait alors eu l'idée d'étudier la répartition des langues dans le monde. Il avait formé ces néologismes* pour souligner que le français, comme d'autres langues, est parlé sur tous les continents. La francophonie, c'est donc d'abord l'ensemble des peuples et des groupes humains qui parlent le français.

Cette notion ne s'est pas tout de suite imposée. Le mot fabriqué par Onésime Reclus n'a pas eu de succès. Il a fallu attendre 1962 pour le voir réapparaître sous la plume[1] d'hommes politiques, comme Léopold Sédar Senghor, président de la République du Sénégal, ou Habib Bourguiba, président de la République de Tunisie (deux États qui venaient de retrouver leur indépendance). Le mot « francophonie » se chargeait alors d'une nuance importante : il ne constatait plus seulement l'existence de nombreuses populations francophones dispersées sur toute la surface de la terre, il suggérait le projet de les rassembler en une

---

1. Sous la plume de : dans des textes écrits par...

communauté à construire. Cette construction a été lente et délicate. En 1969, la Conférence des États francophones de Niamey (au Niger) proposait l'idée d'une Agence de coopération culturelle et technique (ACCT), qui a été créée l'année suivante, pour faciliter et développer les échanges et la coopération entre pays francophones. C'est seulement en 1986 — alors qu'on en parlait depuis une vingtaine d'années — que se réunit à Versailles le premier sommet[1] francophone. Quarante-deux délégations[2] y participent. L'idée de francophonie est alors devenue une réalité.

En même temps que la francophonie s'organise, un

---

1. Sommet : conférence des hauts dirigeants.
2. Délégation : ensemble de personnes envoyées pour représenter un groupe, un pays, etc.

Premier sommet francophone à Paris, en 1986.

débat se développe sur la situation réelle de la langue française. N'est-elle pas en recul, menacée dans un avenir proche par la domination mondiale de l'anglais, peu à peu corrompue par l'invasion de mots et de tournures d'origine anglo-saxonne? Ces questions souvent reprises, et dans la plus grande confusion, masquent la réalité et l'importance des évolutions récentes. Quand Onésime Reclus inventait la notion de francophonie, celle-ci était essentiellement européenne, avec quelques développements sur les autres continents, là où le français s'était enraciné. Au XVIIIe siècle, l'Académie de Berlin[1] avait fait célébrer par un concours (dont le gagnant fut Rivarol[2]) l'« universalité[3] de la langue française » : cette universalité résultait en fait du rôle dominant du français dans la vie culturelle de l'Europe du XVIIIe siècle ; le français était alors la langue des diplomates, des cours, des académies, des hommes de lettres ; mais le nombre réel des Européens francophones restait modeste. Aujourd'hui, la francophonie s'est étendue et transformée : elle déborde largement de son lieu d'origine, au point qu'il y a beaucoup plus de francophones hors de France qu'en France même ; presque la moitié de ces francophones habitent des pays du tiers monde. Le français n'est plus la langue de communication internationale dominante, mais il n'a jamais été parlé par autant d'hommes en autant d'endroits différents.

Le français a dû évoluer pour apprendre à dire les réalités des pays nouveaux où il s'est acclimaté[4] ; il n'est donc plus la propriété exclusive des Français, de leurs voisins belges ou suisses, de leurs cousins québécois.

---

1. Académie de Berlin : assemblée de savants fondée à Berlin en 1700 par le roi de Prusse Frédéric Ier.
2. Rivarol : écrivain français (1753-1801), surtout connu par son *Discours sur l'universalité de la langue française*.
3. Universalité : caractère de ce qui concerne la totalité des hommes.
4. Acclimater : habituer à un nouveau climat, un nouveau milieu, un nouveau pays.

CHAPITRE I

Le français à travers les siècles

Les origines

Comme les autres langues romanes*, le français est né du latin. C'est dans le courant du IXe siècle qu'il se dégage de son origine latine. Le plus ancien document écrit dans cette langue nouvelle est un texte officiel, les *Serments de Strasbourg*, qu'échangent en 842 deux petits-fils de Charlemagne, Charles le Chauve et Louis le Germanique, rois de deux pays qui deviendront au fil des siècles la France et l'Allemagne. Pour se protéger des ambitions de leur frère Lothaire, les deux rois se promettent entraide mutuelle, en prononçant leur engagement[1] chacun dans la langue de l'autre (et non en latin, qui était encore alors la langue du droit et de l'administration). Ce partage des langues est un geste symbolique très fort : il fonde la séparation des deux ensembles politiques et linguistiques qui formeront la France et l'Allemagne ; malgré les guerres et les bouleversements de toutes natures, la fron-

---

1. Engagement : action de se lier par une promesse.

tière entre les régions de langue française et celles de langue germanique* est restée pratiquement la même au long des siècles.

Cela dit, la naissance du français a été lente et progressive. D'abord parce qu'il existait de nombreux dialectes*, et une différence marquée entre pays de langue d'*oïl** et pays de langue d'*oc**. C'est autour de Paris et du pouvoir royal que s'est élaboré un français commun, qui a bientôt servi aux échanges entre personnes cultivées des régions de langue d'*oïl*.

La langue, facteur d'unification nationale

La langue française s'est unifiée en même temps que s'étendait le pouvoir royal : le roi a utilisé la diffusion de ce français unifié pour renforcer son pouvoir. D'où l'illusion très répandue que le français parisien devait nécessairement devenir *le* français. En fait, des variantes du français sont nées là où ne s'exerçait pas le pouvoir parisien. Les régions francophones de Belgique et de Suisse ont réussi (sauf la brève période où Napoléon les avait réunies à la France) à se maintenir hors de l'ensemble français : ce qui leur a permis de préserver certains faits de langue particuliers (comme de dire *septante* ou *nonante* à la place de « soixante-dix » ou « quatre-vingt-dix ») qui auraient peut-être disparu si ces régions avaient été soumises à la domination parisienne.

La France s'est construite en associant étroitement unité politique, unité linguistique* et progrès de la centralisation[1]. C'est la diffusion d'une même langue à travers tout le pays qui a été l'instrument le plus efficace de l'unification nationale : tous les régimes, de la monarchie à la république, ont eu le souci de répandre et d'imposer, de contrôler et de normaliser[2] cette langue qui est à la base même de la réalité française.

François Ier, en 1532, remplace le latin par le français comme langue des tribunaux — c'est-à-dire comme langue utilisée dans les procès en justice —, ce qui oblige à utiliser le français même là où les langues régionales* sont encore couramment parlées. Louis XIII et Richelieu fondent en 1635 l'Académie française et lui fixent le projet d'établir un dictionnaire et une grammaire qui soient la référence du bon usage de la langue. Les assemblées révolutionnaires demandent à l'abbé Grégoire un rapport sur « les moyens d'universaliser l'usage de la langue française »; celui-ci, après une longue enquête, montre qu'un quart seulement de la population française maîtrise correctement la langue nationale*, tandis qu'un tiers l'ignore complètement ; dans un souci

---

1. Centralisation : le fait de réunir tous les moyens d'action en un centre d'autorité et de pouvoir unique.
2. Normaliser : rendre conforme à une norme établie, standardiser.

d'égalité, pour que tous les Français puissent participer à la vie politique nationale, on décide de créer dans tous les départements un enseignement du français. L'enseignement de la langue a été jusqu'à aujourd'hui une des principales préoccupations des ministres de l'Éducation nationale.

L'évolution du français, ses variations, ses enrichissements

Le grand historien Fernand Braudel, s'interrogeant dans un livre paru en 1986 sur ce qui constitue *l'identité de la France*, conclut que c'est la langue qui forme le lien le plus fort entre les différents membres de la nation française. C'est pourquoi les questions de langue sont souvent considérées en France comme des affaires d'État. La « défense et illustration de la langue française » y est pratiquée comme une sorte de sport national. La langue est tellement sacrée qu'il semble impensable d'accepter la moindre évolution. Toute tentative de simplifier l'orthographe française soulève immédiatement des protestations enflammées (alors que dans beaucoup de pays on a modernisé et rationalisé[1] l'orthographe de la langue nationale à la satisfaction générale).

---

1. Rationaliser : rendre plus rationnel, conforme au bon sens ; simplifier.

C'est Voltaire et le XVIIIe siècle qui ont répandu l'idée que le français classique (celui de Racine, La Fontaine, Molière et quelques autres) avait atteint une perfection qu'il fallait absolument préserver. Puisque le français semble ainsi la langue idéale et qu'il est destiné à devenir la langue universelle (Rivarol croit pouvoir démontrer qu'il est supérieur aux autres langues par sa clarté naturelle : « Ce qui n'est pas clair n'est pas français »), toute faute de français apparaît comme une faute contre l'esprit. Au XIXe siècle, l'État accentue le contrôle de la langue : la maîtrise de l'orthographe devient obligatoire pour obtenir un emploi public ; pour cela, l'orthographe doit être réglementée et c'est la « prestigieuse » dictée qui va permettre de sélectionner les meilleurs candidats.

Le purisme, c'est-à-dire le souci extrême de la pureté et de la correction de la langue, est une attitude largement répandue dans les milieux cultivés français. L'image symbolique de l'Académie française en est l'illustration : à son entrée dans cette glorieuse assemblée, chaque académicien reçoit un uniforme vert et une épée, comme s'il devenait un soldat de la langue, chargé de la défendre contre tous ses ennemis.

Un esprit guerrier a d'ailleurs animé les campagnes[1] menées depuis les années 60 par le pro-

---

1. Campagnes : ici, actions destinées à influencer l'opinion publique.

fesseur Étiemble[1] contre le franglais*, c'est-à-dire l'invasion du français par des mots et expressions venus de l'anglo-américain. Mais il ne faut pas exagérer le danger. S'il est vrai que trop d'américanismes* polluent[2] le français,

---

1. Étiemble : professeur d'université et écrivain, né en 1909.
2. Polluer : dégrader, rendre moins pur.

C'est le partage d'une langue, le français, qui fonde la francophonie.

l'emprunt linguistique est en soi un phénomène universel et nécessaire à la bonne santé des langues. Aucune langue ne peut rester immobile, figée dans une prétendue perfection et fermée à toute influence. Comme toutes les langues, le français vit et change à chaque instant.

Le purisme habituel des Français les rend sourds à la réalité linguistique de la France : il n'existe pas un français unique, identique à lui-même en tous les points du temps et en tous les lieux de la francophonie. En France même, de Lille à Marseille, de Quimper à Strasbourg, on parle avec des accents* différents, en utilisant parfois des dialectes et même des langues régionales, quand elles n'ont pas disparu sous l'effet de la modernisation et des politiques scolaires. On rencontre aussi de nombreuses autres langues que le français, notamment celles introduites par les différentes immigrations.

Hors de France, le français s'est transformé et adapté aux pays où il s'est installé. Au XIXe siècle déjà, un écrivain d'Haïti faisait remarquer que le français s'était « quelque peu bruni sous les tropiques ». L'évolution de la langue va parfois jusqu'à ses conséquences naturelles. De la même façon que le français est issu du latin, de nouvelles langues romanes naissent du français : ce sont les différents créoles*, parlés aux Antilles comme dans les îles de l'océan Indien.

Cependant, c'est bien le partage d'une langue commune, le français, qui fonde la francophonie. Celle-ci repose sur un paradoxe[1] : le français est une même langue pour tous les francophones, ce qui leur permet de communiquer entre eux grâce à lui ; mais il se diversifie et s'enrichit de multiples apports par la variété des pays où il prend racine, par le grand nombre de langues et de cultures avec lesquelles il est en contact.

---

1. Paradoxe : idée qui est contraire à l'opinion générale et au bon sens.

CHAPITRE II

Les espaces francophones

Comme le montre l'*Atlas de la langue française*, paru en 1995, le français est aujourd'hui une des langues les plus parlées dans le monde. Sans doute, par rapport au nombre de personnes qui l'utilisent, arrive-t-il très loin derrière des langues comme le chinois. Mais il est présent dans un grand nombre de pays (ce qui lui donne un rôle important dans des organismes internationaux comme l'ONU, où il est l'une des langues de travail). Cependant les situations sont très différentes, depuis les pays où il n'occupe qu'une place symbolique (par exemple en Louisiane, aux États-Unis, ou à Pondichéry, ancienne ville coloniale française en Inde) jusqu'à ceux où il est la langue dominante et parfois la seule langue utilisée dans la vie publique.

Au cœur de la francophonie se trouvent les pays où le français est né et où il est resté à travers les siècles la langue maternelle* de l'ensemble de la population (même si d'autres langues peuvent y être aussi en usage) : il s'agit non seulement de la France mais des parties francophones des pays voisins (Belgique, Suisse, Luxembourg, Val d'Aoste en Italie). Transportée en Amérique avec les colons français des XVIIe et XVIIIe siècles, la langue française y est toujours la langue maternelle et d'usage* de la grande majorité des Québécois ainsi que d'importantes minorités dans plusieurs provinces canadiennes. Ces Américains francophones ont, autant que les Européens francophones, le sentiment d'être les gardiens naturels du français, qui est la langue transmise par leurs ancêtres.

Le rôle de la colonisation

C'est aussi aux XVIIe et XVIIIe siècles que le français a été introduit dans les autres anciennes colonies françaises, en Amérique (Antilles, Saint-Domingue, ancien nom de l'île d'Haïti, Guyane) et dans les îles de l'océan Indien (île Maurice, Réunion, Seychelles).

Le français s'y est très vite modifié, pour donner naissance à des langues nouvelles : les différentes formes de créole. Cette évolution, qui s'est produite en quelques dizaines d'années seulement, a été causée par les conditions particulières de la colonisation[1]. Pour cultiver la canne à sucre et les plantes tropicales, on avait fait venir des milliers d'esclaves, d'Afrique et d'autres pays. La rencontre et le mélange de populations d'origines très

---

1. Colonisation : occupation et administration d'un territoire par une nation étrangère.

diverses, l'obligation de trouver un langage de communication entre maîtres et esclaves comme entre les esclaves eux-mêmes qui venaient de pays où l'on parlait des langues différentes, les retards de l'enseignement, autant de facteurs qui ont facilité le passage du français au créole.

Aujourd'hui, dans ces pays, la langue maternelle est généralement le créole, mais le français, largement pratiqué, est langue officielle* et/ou langue d'éducation et de culture*. La parenté du français et du créole crée une situation très originale : on passe d'une langue à l'autre de manière parfois insensible, car il existe de très nombreux niveaux de langue, qui forment une continuité depuis le français standard* jusqu'au créole le plus éloigné du français, en passant par des formes de français régional et de créole francisé[1].

Les nouvelles conquêtes coloniales du XIXe siècle ont installé le français en Afrique noire et à Madagascar, en Indochine (aujourd'hui Cambodge, Laos et Viêtnam) et au Maghreb (Algérie, Maroc, Tunisie). Les colonisateurs français donnaient une grande importance à la diffusion de la langue. Ils avaient le projet de former les colonisés à leur image. L'école en français était donc l'outil essentiel de la politique coloniale d'assimilation : les programmes devaient être les mêmes

---

1. Francisé : qui a une forme française.

dans la métropole et dans les colonies ; de l'Algérie au Viêtnam, on faisait les mêmes leçons d'histoire et l'on évoquait « nos ancêtres les Gaulois ».

Après la décolonisation, suivant l'évolution des pays et selon les diverses politiques menées en matière de langue, le français a connu des sorts

Enfants lisant Les aventures d'Astérix le Gaulois *(Mayotte, Comores)*

différents : s'il n'occupe plus qu'une place limitée dans l'ex-Indochine, il est resté ailleurs langue officielle (dans la plupart des États d'Afrique noire) ou langue d'usage et d'enseignement (au Maghreb).

Le rôle du prestige culturel

Au Liban (et dans une certaine mesure en Égypte), le français n'a pas accompagné une conquête coloniale : il a été introduit dans les écoles chrétiennes, à la demande des chrétiens d'Orient, et il est devenu dès le XIXe siècle la langue de journaux modernes et d'établissements universitaires. La familiarité avec la culture française et avec les idées de progrès qui l'accompagnaient a sans doute aidé alors à la renaissance culturelle arabo-musulmane désignée par le mot arabe *Nadha*. Malgré la guerre et les destructions nombreuses que le Liban a connues ces dernières années, le français y occupe toujours une place importante : une dizaine de journaux continuent d'être publiés en français.

En Europe, c'est aussi le développement de l'enseignement du français qui a favorisé l'établissement de minorités francophones. Dans la Russie d'avant la révolution de 1917, les familles de l'aristocratie avaient l'habitude de faire venir des jeunes filles de Suisse romande pour apprendre le français à leurs enfants. Le grand écrivain d'origine russe Vladimir Nabokov raconte que, dans son enfance, le français était sa langue naturelle familière : il le pratiquait avec son institutrice et pendant les vacances que sa famille passait en France. En Roumanie, en Moldavie, à un degré moindre en Bulgarie, le français bénéficie, grâce à l'école, de positions toujours solides.

Ce rapide panorama de la francophonie actuelle montre que la diffusion du français à travers le monde a résulté de causes très diverses : transmission naturelle de la langue, de génération en génération, dans les pays de très ancienne francophonie ; usage de la langue et de l'école comme moyens de colonisation ; prestige accordé à une grande langue de communication et de culture... Il est donc logique que le statut et la situation du français changent de pays en pays.

Le statut du français, selon les pays

L'EUROPE

Même quand le français est « langue officielle » ou « langue nationale », il est en contact avec d'autres langues. En France même, on a ajouté à la Constitution, en 1992, une phrase qui précise : « La langue de la République est le français. » On a sans doute pensé que cette évidence (« le français est la langue de la France ») était encore plus forte si on la formulait. Mais en même temps, on reconnaît implicitement[1] que d'autres langues peuvent se rencontrer sur le territoire français : anciennes langues régionales, langues introduites par les communautés d'immigrés, langues internationales, comme l'anglais, utilisées dans certaines situations. En fait, les langues régionales disparaissent peu à peu, même si on peut les choisir comme épreuve orale au baccalauréat. Les immigrés s'intègrent surtout par la pratique du français. L'anglais est peut-être plus menaçant pour le français quand il l'élimine de certaines conférences scientifiques tenues en France même.

En Belgique, la frontière entre langue germanique (le flamand aujourd'hui) et langue romane (le français) s'est établie au début du Moyen Âge et est restée stable jusqu'à aujourd'hui. La noblesse et la bourgeoisie flamande ont longtemps parlé français, tandis que le peuple n'utilisait que le flamand. À partir du XIXe siècle, les Flamands ont lutté pour imposer l'usage de leur langue dans tous les domaines. Des lois linguistiques ont partagé le pays entre français, flamand et allemand (parlé par une minorité dans l'est de la Belgique). La ville de Bruxelles bénéficie d'un statut spécial. Mais il reste encore des conflits : certaines com-

---

1. Implicitement : d'une façon qui n'est pas formulée en termes précis.

munes appartiennent à la zone flamande, alors que la majorité de leur population est francophone.

Le Luxembourg est un pays multilingue* : le français est la langue dans laquelle on écrit les lois ; le français, l'allemand et le luxembourgeois sont utilisés dans l'administration, dans les tribunaux ; l'enseignement primaire se fait surtout en allemand, l'enseignement secondaire plutôt en français.

La Suisse reconnaît comme langues officielles l'allemand, le français, l'italien et, depuis 1938, le romanche (langue d'origine romane, parlée dans la région des Grisons). Les francophones du Jura ont obtenu en 1979 la création d'un canton[1] francophone : il a été détaché du canton de Berne qui est majoritairement de langue allemande.

Le Canada

C'est au Canada que la situation du français est la plus complexe. Le Canada est officiellement bilingue (français et anglais). Mais la politique lancée dans les années 70 par l'ancien Premier ministre Pierre Eliott Trudeau, qui souhaitait transformer le Canada en un pays réellement bilingue, de l'Atlantique au Pacifique, a finalement échoué. Le bilinguisme* n'est pratiqué

---

1. Canton : en Suisse, chacun des États qui composent la Confédération.

qu'au Parlement, à l'armée et dans les administrations comme la poste. La proportion de francophones dans la population totale du Canada baisse lentement : 29,6 % en 1951, 24,9 % en 1991. Beaucoup d'anglophones* ne voient pas la nécessité d'apprendre le français.

À l'ouest, dans la grande prairie canadienne, il ne reste plus que quelques petites communautés francophones. Dans l'Ontario et surtout à Toronto, les francophones forment des minorités importantes, qui ont leur réseau d'écoles, des chaînes de radio et proposent des manifestations culturelles en français.

Au Québec, où les francophones sont largement majoritaires, le français est aujourd'hui la langue officielle. Mais ce résultat n'a été obtenu qu'au prix de longs combats pour la langue française et l'identité nationale. Après le traité de Paris (1763) qui mettait fin à la guerre entre la France et l'Angleterre et cédait à cette dernière l'ensemble des colonies françaises dont le Canada, les Canadiens-Français sont restés pendant presque un siècle coupés de leur ancienne métropole, dominés politiquement et économiquement par les colons anglais. Pour ne pas disparaître dans le monde anglo-saxon qui les entourait, ils ont résisté en faisant beaucoup d'enfants (il n'était pas rare, au Québec, de rencontrer des familles de quinze à vingt enfants) ; c'est ce qu'on a appelé la

« revanche des berceaux » : si la guerre contre les Anglais avait été perdue, les Canadiens-Français réussissaient grâce à leurs familles nombreuses à rester majoritaires au Québec. Ils ont maintenu leur identité culturelle en restant catholiques et en gardant la langue de leurs ancêtres. Mais comme les Canadiens-Anglais dominaient la vie économique, l'anglais devenait peu à peu la langue du travail, du commerce, de la vie moderne ; les Québécois ont nommé cette période l'époque de la « grande noirceur » : ils avaient l'impression de ne plus être chez eux dans leur propre pays. Les changements politiques survenus après 1960 ont conduit à voter en 1977 la « loi 101 », qui impose l'usage du français dans les entreprises, dans la publicité et dans l'affichage ainsi que dans l'enseignement (tout en laissant pour la minorité anglophone une possibilité d'enseignement en anglais). Les Québécois ont ressenti le vote de cette loi comme une grande victoire, répondant à leur désir de « vivre en français ». Même si une nouvelle loi (en 1993) a réintroduit une part de bilinguisme au Québec, le français y est maintenant la langue dominante dans toutes les activités.

Les provinces maritimes de l'est du Canada (qui forment ce qu'on appelait autrefois l'Acadie) ont de fortes minorités francophones (dans la province du Nouveau-Brunswick, certains villages sont même francophones à 100 %).

L'histoire des Acadiens a été très douloureuse. Pendant la guerre franco-anglaise du XVIIIe siècle, ils ont été envahis par les colons anglais venus de Nouvelle-Angleterre, qui les ont déportés le long de la côte de l'Amérique, jusqu'en Louisiane. Certains sont revenus chez eux après un long voyage à travers le territoire des États-Unis actuels. Aujourd'hui, les Acadiens ont obtenu le droit à l'enseignement en français et, dans plusieurs provinces, celui de pouvoir être jugés en français (et non plus selon le système de la traduction en anglais de leurs déclarations).

L'Afrique noire

La situation est totalement différente dans les pays où le français n'est pas langue maternelle. En Afrique au sud du Sahara, par exemple, il est langue officielle, parfois à côté d'une ou plusieurs autres langues nationales. Ainsi au Sénégal, le français voisine avec six langues nationales : le ouolof, qui est parlé ou compris par tous les Sénégalais, le poular, le sérère, le diola, le mandingue ou le soninké. Dans tous ces pays d'Afrique noire, le français est langue de la vie politique, de l'administration, de la justice, de l'école, de la recherche scientifique, de la modernité et donc de la promotion sociale. Les langues vernaculaires* restent utilisées dans la vie familiale, au marché, au village. Le contact entre le français et les langues locales est parfois violent.

À Madagascar, en 1972, la révolte des lycéens qui demandaient une plus grande place dans l'enseignement pour la langue malgache s'est transformée en révolution et a fait tomber le régime du vieux président Tsiranana. Mais la tendance générale est aujourd'hui à chercher un équilibre entre le français et les langues africaines. Celles-ci sont de plus en plus souvent écrites et elles commencent à entrer dans l'enseignement, tandis que le français s'affirme comme langue véhiculaire*.

Dans des pays comme le Congo ou le Gabon, où les langues vernaculaires sont très nombreuses, il n'est pas rare d'entendre des Congolais ou des Gabonais utiliser le français pour se comprendre (alors qu'au Sénégal le ouolof joue ce rôle de langue véhiculaire). Cela explique les très grandes différences que l'on constate, selon les pays d'Afrique, dans les statistiques sur la maîtrise du français. Si au Niger à peine 12 % de la population parle ou comprend le français, les chiffres montent à 25 % au Sénégal (pays où la scolarisation est ancienne et bien développée), à presque 50 % en Côte

Dans certains pays d'Afrique noire, le français est langue de l'école (ici, au Burkina Faso).

d'Ivoire et à 63 % au Gabon. Au Zaïre, qui sera au XXIe siècle le plus peuplé des pays officiellement francophones, on estime à environ 10 % les francophones réels et à 30 % ceux qui ont gardé de leurs deux ou trois années d'école quelques vagues souvenirs de français.

Le Maghreb

Dans les pays du Maghreb, l'arabe est la langue officielle. Le français continue d'être souvent pratiqué ; il est langue d'enseignement à partir des dernières années du secondaire, notamment pour les matières scientifiques et techniques. Le français bénéficie des nombreux échanges entre la France et les pays du Maghreb : voyages au pays des travailleurs immigrés en France, séjours touristiques de nombreux Français au Maroc ou en Tunisie ; il existe un grand nombre de journaux publiés en français, surtout en Algérie et au Maroc. Les statistiques dénombrent plus de 50 % de francophones réels ou relatifs en Algérie et en Tunisie, un peu plus de 25 % au Maroc. Mais cette situation risque de se dégrader en Algérie, où le gouvernement cherche à favoriser l'enseignement de l'anglais en réduisant celui du français.

La très grande variété des pays où le français est parlé fait que celui-ci se transforme : langue vivante, il s'adapte aux réalités des pays où il s'est établi.

CHAPITRE III

Les français d'ailleurs

Comme toutes les langues, le français est en continuel changement. Des mots vieillissent et disparaissent ; des néologismes deviennent des mots courants et bien acceptés ; on se sert de mots empruntés à des langues étrangères ; les manières de prononcer se transforment peu à peu ; certaines constructions de phrase sont abandonnées, de nouvelles formulations s'imposent.

Si le français change au cours du temps, il varie aussi dans l'espace. On ne parle pas exactement le même français en tous les points de la francophonie. C'est vrai aussi pour la France : même si la radio et la télévision tendent à imposer un modèle de français standard, les accents régionaux sont encore bien vivants.

Chaque pays ou chaque région francophone a développé des particularités qui font l'originalité du français qu'on y parle. Les conditions historiques, la situation géographique peuvent expliquer l'évolution de la langue. C'est tout à fait clair dans l'exemple du Québec.

Le français du Québec

La conquête du Canada par les Anglais a coupé pour plus d'un siècle la culture et la langue françaises d'Amérique de tout contact direct avec les modèles de l'ancienne métropole. Le français introduit au Canada par les colons français, venus surtout des provinces de l'ouest de la France, était un français régional et populaire, assez éloigné du français noble de la cour royale. Les Canadiens-Français, repoussés des villes où s'installaient les Anglais, se sont isolés dans les campagnes ; comme il n'y avait pas beaucoup d'écoles, le français s'est transmis oralement et a évolué de manière assez libre. Le français des ouvriers des villes s'est trouvé en contact continuel avec l'anglais, qui était la langue de travail dans les usines possédées par des patrons anglophones. C'est ce qui a donné naissance, dans les quartiers ouvriers de Montréal, à une variante du français, qu'on appelle le « joual » (« joual » étant la prononciation très déformée du mot français « cheval »). Le « joual » se caractérise par une prononciation très relâchée (sans doute sous l'influence de l'anglo-américain), par beaucoup de mots copiés sur l'anglais, par une richesse très grande du vocabulaire des jurons[1]

---

1. Juron : mot familier ou grossier utilisé pour exprimer un sentiment violent ou pour insulter quelqu'un.

(que les Québécois appellent des « sacres », parce qu'ils se servent non pas comme les Français de mots obscènes[1] mais de mots du vocabulaire religieux — sacré donc — tels que « Christ », « Vierge », « baptême », etc.).

Au Québec aujourd'hui, on peut entendre une grande variété de français, depuis le « joual », qui n'est plus tout à fait du français puisque un francophone non québécois ne peut pas le comprendre, jusqu'au français standard utilisé par les médias modernes. Mais ce qui est le plus répandu, c'est une manière locale de parler le français, qu'on pourrait appeler le français québécois. Ce français du Québec se reconnaît d'abord à sa prononciation très marquée : les voyelles* sont fortement diphtonguées[2] et nasalisées (c'est-à-dire prononcées « du nez ») ; le rythme et la musique des phrases ne sont pas les mêmes qu'en français standard, parce que l'accent des mots est légèrement déplacé.

Mais il y a surtout d'importantes différences de vocabulaire. Le français québécois, à cause de son isolement, a conservé beaucoup de mots qui ont disparu du français moderne. On dit par

---

1. Mots obscènes : mots qui choquent, par exemple parce qu'ils évoquent de manière très brutale les choses de la sexualité.
2. Diphtonguée : qui a pris la valeur d'une diphtongue. Une diphtongue est une voyelle unique dont le son se modifie pendant qu'on la prononce.

exemple « frette » pour « froid », « rapailler » pour « rassembler, réunir » ; on ne conduit pas une « voiture » ni une « auto », mais un « char » (c'est l'ancien mot pour désigner une voiture tirée par des chevaux ou des bœufs).

Les premiers colons débarqués au Canada se sont trouvés dans un pays très différent de leur pays d'origine, notamment par son climat ; ils n'avaient pas dans leur langue usuelle les mots pour désigner les réalités nouvelles qu'ils découvraient. Il leur a donc fallu les inventer. Ils ont appelé « poudrerie » une tempête qui se produit quand le vent soulève la neige déjà tombée ; une « tuque » est un gros bonnet de laine qui couvre les oreilles les jours de très grand froid ; comme ils ne connaissaient pas les élans, ces grands cerfs des pays du nord de l'Europe, ils ont cherché un mot pour désigner l'élan du Canada : ils l'ont appelé « orignal » (sans doute en reprenant un mot de la langue basque). Ils ont aussi emprunté des mots aux Indiens, les premiers habitants du pays : mots pour désigner des animaux (le « caribou », qui est la variété canadienne du renne) et noms de lieux (comme le mot « Québec » lui-même).

Le français du Québec a aussi pris un certain nombre de mots à l'anglais : un travail, c'est « une djobe » ; le « draveur » (de l'anglais *to drive*) est l'ouvrier qui conduit les trains de bois flottant sur les rivières jusqu'à l'usine de pâte à papier...

Même si leur français contient beaucoup d'anglicismes*, les Québécois refusent souvent ceux qui sont usuels en français courant. Par exemple, là où les Français disent « vol charter » pour désigner un avion loué par une compagnie de voyages, les Québécois conservent une vieille expression du français et parlent d'un « vol nolisé ». De même si les Parisiens partent pour le « week-end », les habitants de Montréal ne connaissent que les congés de « fin de semaine ». C'est d'ailleurs l'occasion de plaisanteries, les Québécois accusant les « maudits Français[1] » de ne pas assez défendre la pureté de leur langue.

Le français d'Afrique

On pourrait reprendre de tels développements à propos de chacun des pays de la francophonie. En Afrique par exemple, où le français n'est pas, comme au Québec, la langue maternelle et ancestrale, mais la langue officielle, celle de l'école et de la vie moderne, il est toujours en contact avec les langues du pays, utilisées dans mille et une circonstances de la vie quotidienne. Il s'est intimement mêlé à l'usage des langues traditionnelles :

---

1. « Maudits Français » : l'expression, traditionnelle, exprime l'amertume des Québécois qui reprochent aux Français d'avoir abandonné les Canadiens-Français à la domination anglaise après le traité de 1763.

une phrase commencée dans la langue africaine peut se continuer en français, ou bien l'inverse. L'une des grandes difficultés, pour les Africains qui ne sont pas allés longtemps à l'école, c'est de bien respecter les différents niveaux de la langue : français familier ou populaire, français courant, français littéraire, etc. Il arrive souvent que l'on glisse dans la même phrase d'un niveau à l'autre, ce qui produit des effets étranges. Le purisme (la volonté de parler le français le plus correct) a été une réaction fréquente contre l'africanisation[1] du français. Mais aujourd'hui tout le monde reconnaît qu'il existe un français d'Afrique.

Ce français d'Afrique se distingue parfois par un accent particulier, par des constructions de phrases différentes de celles du français standard (on pourra entendre par exemple « le livre pour Jean » au lieu de « le livre de Jean »), surtout par un grand nombre de mots nouveaux. Il fallait nommer les réalités africaines pour lesquelles la langue française n'avait pas de mots. On a donc emprunté à diverses langues africaines : le « boubou » est le vêtement long, semblable à une robe, que portent les hommes en Afrique de l'Ouest ; le « canari » est un vase en terre où l'on garde l'eau ou la nourriture liquide ; le « griot » est le poète

---

1. Africanisation : ici, évolution du français qui s'adapte aux conditions de la vie africaine.

et musicien traditionnel qui chante la gloire des grands personnages.

Beaucoup de mots ont été fabriqués à partir de mots français, en suivant les règles grammaticales, pour occuper une place qui était vide dans le vocabulaire. Là où le français standard dit « tourner à droite », le français d'Afrique invente le verbe très logique « droiter » : « Il faut droiter au bout de la rue. » De même, au lieu de « faire grève[1] », on dit « gréver », et à la place de « faire un cadeau », tout simplement « cadeauter ». Plus délicats sont les sens nouveaux qui sont donnés à des mots bien français : « venir manquer quelqu'un » veut dire « ne pas trouver la personne à qui on rend une visite » ; « descendre », c'est « quitter le travail ou l'école à la fin de la journée » : « Dans mon nouveau travail, je descends tous les jours à 18 heures. »

Cette création de mots et de sens nouveaux obéit souvent à la logique poétique des images. Une femme qui « a gagné petit » n'est pas quelqu'un qui a gagné peu d'argent (ce serait le sens en français standard), mais une femme qui a eu un enfant. Quand on « garde sa bouche chez soi », c'est qu'on ne s'occupe pas des affaires des autres. Un homme qui a un « deuxième bureau »

---

1. Faire grève : arrêter volontairement de travailler pour obtenir un avantage.

n'est pas un homme d'affaires qui travaille beaucoup, c'est un homme marié qui a une maîtresse (l'expression africaine joue sans doute sur le sens familier de « Deuxième Bureau »: le service de renseignements, chargé d'espionner les ennemis de l'État, dont on croit cacher l'existence en le désignant par une formule très banale).

Les dictionnaires récents de la langue française introduisent de plus en plus de mots venus des pays francophones. Cependant, à force de développer les différences, on finirait par ne plus parler la même langue et par ne plus se comprendre. Quand le français évolue vers le « joual » ou vers le créole, il cesse d'être du français. La francophonie suppose donc qu'un équilibre s'établisse entre deux tentations contradictoires : la volonté d'imposer une langue unique et uniforme à tous les francophones ; le désir de multiplier les variations régionales s'opposant au français central. Cet équilibre se réalise de façon éclatante dans l'œuvre des écrivains du Québec, d'Afrique, du Maghreb, etc., qui écrivent dans leur français particulier, en jouant sur sa saveur propre, mais qui peuvent être lus par tous les lecteurs francophones.

CHAPITRE IV

Des littératures francophones ?

« Pourquoi écrivez-vous en français ? » Cette question n'a pas grand sens pour un écrivain qui est de langue maternelle française : il écrit tout simplement dans la langue qui lui a permis de découvrir le monde. « C'est ma langue et je n'en ai pas d'autre », dit la romancière québécoise Suzanne Jacob. La réponse est moins évidente pour un Africain : mais celui-ci vient d'un pays dont les langues nationales sont encore peu ou pas du tout écrites ; le français appris à l'école lui apparaît donc comme la langue d'expression naturelle s'il se sent le désir de devenir écrivain. Les choses sont plus compliquées quand l'écrivain peut disposer à côté du français d'une autre langue écrite. Or des Maghrébins qui auraient pu s'exprimer dans la langue prestigieuse qu'est l'arabe, des Malgaches[1] dont la langue est écrite depuis plus d'un siècle et demi, comme aussi des Roumains, des Polonais, des Allemands et bien d'autres ont choisi d'écrire en français.

Il existe aujourd'hui un très vaste ensemble de

---

1. Malgaches : habitants de Madagascar.

textes littéraires écrits en français en dehors de la France. La littérature francophone (au singulier) désigne tous les textes écrits en français, par des Français comme par tous les autres auteurs francophones. Mais il faut distinguer « littérature francophone » et « littérature française ». Car si beaucoup d'écrivains belges de langue française parlent d'une « littérature française de Belgique » (eux ne font donc pas la différence), les écrivains québécois insistent sur l'originalité de leur culture : ils refusent une expression comme « littérature française du Québec » et préfèrent parler de « littérature québécoise ». C'est pourquoi on a peu à peu pris l'habitude d'appeler « littératures francophones » (au pluriel) les ensembles de textes de langue française qui proviennent de pays ou de régions hors de France : en général, c'est dans ces pays que ces textes sont écrits, édités, diffusés, lus, aimés ou critiqués, enseignés à l'école...

Chacune de ces littératures francophones possède son originalité. Les écrivains n'ont pas partout les mêmes raisons d'écrire. Leur manière d'écrire (leur style) s'inspire souvent de leur culture nationale. Ils empruntent à leur langue maternelle des expressions et des images qu'ils font passer en français.

Au Québec : un acte de résistance

Au Canada, écrire en français a été considéré, depuis les origines, comme un acte de résistance, une manière de manifester son identité culturelle d'origine française au milieu de l'Amérique anglo-saxonne. À partir de 1960, dans un pays où le français est menacé d'être dominé par l'anglais, toute une génération « prend la parole » pour affirmer son existence. C'est d'ailleurs à ce moment que le mot « québécois » remplace l'expression « canadien-français », qui semblait encore trop marquée par l'époque coloniale. Il faut « vivre en français », parler à la façon québécoise, ne pas hésiter à introduire du joual dans la langue littéraire. La poésie est la forme d'expression de cette libération par la parole.

Les poètes lisent leurs textes en public, devant des foules nombreuses et enthousiastes. Des chanteurs mettent en musique l'espoir de tout un peuple. Félix Leclerc, Gilles Vigneault, Robert Charlebois, Pauline Julien font connaître à travers le monde la « révolution tranquille » des Québécois. Félix Leclerc par exemple reprend une très vieille chanson française, restée particulièrement vivante au Québec :

Alouette, gentille alouette,
Alouette, je te plumerai.

> *Je te plumerai la tête.*
> *Je te plumerai la tête*
> *Et la queue, et les ailes...*

La chanson ne finit que lorsque le pauvre oiseau a perdu toutes ses plumes. Dans *L'Alouette en colère*, Félix Leclerc reprend la chanson pour en faire un très violent chant de révolte contre la situation de domination que connaît le Québec.

> *J'ai un fils révolté,*
> *Un fils humilié,*
> *Un fils qui demain sera un assassin.*
> *Alors moi j'ai crié « À l'aide, au secours, quelqu'un »*
> *Le gros voisin[1] d'en face est accouru armé,*
> *Grossier, étranger,*
> *Pour abattre mon fils et lui casser les reins*
> *Et le dos et la tête et le bec et les ailes*
> *Alouette.*
> *Mon fils est en prison.*
> *Et moi je sens en moi, dans le tréfonds de moi[2],*
> *Malgré moi, malgré moi,*
> *Entre la chair et l'os,*
> *S'installer la colère.*

---

1. Gros voisin : dans le contexte du Québec, ce « gros voisin » peut être identifié au voisin proche (canadien-anglais) ou au grand voisin que sont les États-Unis.
2. Tréfonds de moi : tout au fond de moi.

La morale de la chanson, c'est que l'alouette plumée depuis des siècles représente le Québécois, qui a donc bien raison de se mettre en colère...

Poètes et romanciers de la négritude

C'est aussi la révolte qui a animé les premiers écrivains francophones d'Afrique. En 1948, Léopold Sédar Senghor (qui devait devenir en 1960 le premier président de la République du Sénégal) publie, pour célébrer le centième anniversaire de l'abolition[1] de l'esclavage dans les colonies françaises, une *Anthologie de la nouvelle poésie nègre et malgache de langue française.* Il y présente de jeunes poètes noirs qu'il rassemble autour de l'idée de « négritude »: cette notion, que Senghor et son ami martiniquais Aimé Césaire ont rendue populaire depuis la fin des années 30, exprime le refus du racisme qui pèse sur les hommes noirs et la volonté de montrer tout ce qu'ils ont apporté à la civilisation universelle. Certains de ces poètes crient la souffrance des peuples noirs, comme David Diop (d'origine sénégalaise, 1927-1960) :

Souffre, pauvre Nègre !...

---

1. Abolition : suppression.

Le fouet siffle
Siffle sur ton dos de sueur et de sang
Souffre, pauvre Nègre !
Le jour est long
Si long à porter l'ivoire blanc du Blanc ton Maître
[...]

Léopold Sédar Senghor, lui, chante son « royaume d'enfance » : l'Afrique paisible qu'il a connue lorsqu'il était enfant, la beauté des nuits africaines au village, le rythme des chants et des danses qui semblent se répondre de village à village :

Qu'il nous berce, le silence rythmé.
Écoutons son chant, écoutons battre notre sang
  sombre, écoutons
Battre le pouls[1] profond de l'Afrique dans la
  brume des villages perdus.

La négritude a inspiré aussi des romanciers, qui ont cherché à écrire pour un public vraiment africain. Certains ont pensé que le cinéma leur permettrait d'atteindre plus facilement ce public. Sembène Ousmane, par exemple, avait écrit une nouvelle, *Le Mandat* (1965), qui racontait les dif-

---

1. Pouls : battement du sang dans une artère, que l'on sent nettement au poignet.

ficultés d'un chômeur de Dakar pour toucher le mandat[1] envoyé par son neveu, travailleur immigré à Paris. En 1968, Sembène Ousmane en tire un film, présenté dans une version parlée en français, mais surtout dans une version en ouolof, que tous les spectateurs sénégalais peuvent comprendre.

Pourtant, le livre peut trouver un public nombreux en Afrique même. Un roman de la Sénégalaise Mariama Bâ, *Une si longue lettre* (1979), a été un immense succès (plusieurs dizaines de milliers de lecteurs, et surtout de lectrices !) : c'est que le roman développe, du point de vue de l'héroïne qui raconte son histoire dans une lettre à une amie, les problèmes d'une femme à laquelle son mari, musulman, annonce qu'il va prendre une seconde épouse (qui est d'ailleurs une amie de classe de sa propre fille). Ce sujet ne peut laisser indifférent dans les pays où la polygamie[2] est légale.

L'africanisation de la littérature africaine francophone se manifeste dans l'écriture même des œuvres. En 1968, Ahmadou Kourouma (né en Côte d'Ivoire) fit sensation avec son roman *Les Soleils des Indépendances*. Il y raconte l'histoire du descendant d'une vieille famille royale devenu presque un mendiant après l'indépendance de

---

1. Mandat : somme d'argent envoyée par la poste.
2. Polygamie : situation d'un homme qui a plusieurs épouses.

son pays ; il n'avait pas été à l'école et, ne sachant ni lire ni écrire, il ne pouvait occuper un poste important dans l'Afrique moderne. Mais c'est moins la vision critique de l'Afrique d'après les indépendances qui retient l'attention que l'étrange manière qu'a le romancier d'utiliser le français. Dès la première phrase, le français s'africanise :

Il y avait une semaine qu'avait fini dans la capitale Koné Ibrahima, de race malinké, ou disons-le en malinké : il n'avait pas soutenu un petit rhume...

Nous comprenons le sens de la phrase : Koné Ibrahima, qui appartenait au peuple malinké, qui vit en Côte d'Ivoire, en Guinée, etc., « a fini », c'est-à-dire qu'il est mort. Mais le romancier éprouve le besoin de redire sa phrase « en malinké ». C'est évidemment un paradoxe, puisqu'il continue d'écrire en français. Mais il cherche à faire passer la manière de dire, les images, les expressions du malinké. Il veut écrire malinké en français !

La réussite d'Ahmadou Kourouma est d'inviter le lecteur à partager la manière africaine de sentir, de voir le monde, de penser : le lecteur francophone qui se familiarise avec les expressions venues du malinké accomplit un étonnant voyage mental à l'intérieur même de la langue.

Aux Antilles : l'invention d'une culture nouvelle

Comme en Afrique, la littérature francophone aux Antilles s'est développée surtout depuis les années 50. Les Antilles souffrent d'un mal qu'a analysé le poète, romancier et philosophe Édouard Glissant : elles ont connu l'esclavage pendant près de trois siècles et elles ne peuvent encore l'oublier. Les esclaves ont été arrachés à l'Afrique, « le pays d'avant », dont ils ont été brutalement coupés par le voyage dans le bateau négrier[1] (« dans le ventre de la bête », dit le poète). Ils ont été débarqués, pour ainsi dire tout nus, sur une terre qui n'était pas la leur, qui appartenait aux maîtres blancs. Les Antillais ont donc eu du mal à se situer dans le temps (leur Histoire avait été brisée par la traite[2]) et dans l'espace (ils sont restés à la surface d'une terre où ils n'avaient pas leurs racines). Les écrivains antillais ont très tôt senti qu'ils avaient comme une mission : réparer ces déchirures de l'Histoire ; accorder enfin les Antillais avec leur pays. Ils ont donc souvent écrit des histoires qui montrent la continuité dans le temps d'une famille (*Pluie et vent sur Télumée Miracle* de

---

1. Négrier : qui fait le commerce des esclaves noirs.
2. Traite : commerce des esclaves.

Simone Schwarz-Bart) ou l'histoire d'un village ou d'un quartier (*Texaco* de Patrick Chamoiseau, qui raconte comment les descendants d'esclaves sont peu à peu venus habiter en ville).

L'envers positif du malheur antillais, c'est qu'en débarquant dans un pays nouveau et inconnu, il a fallu inventer la manière d'y vivre, créer une culture neuve. La culture antillaise est née de la rencontre aux îles de gens qui venaient de pays lointains et très divers : des Européens, des Africains, mais aussi des Indiens de l'Inde, venus au XIXe siècle, des Libanais, des Syriens... Tous ces groupes ont gardé au moins des traces de leur culture d'origine ; ils ont appris à s'adapter au pays (il fallait construire les maisons en fonction du climat, avec les matériaux trouvés sur place, cuisiner les produits du pays...) ; ils ont mêlé leurs savoirs, leurs techniques, leurs chansons, leurs légendes... Bref, la culture antillaise est née de nombreux métissages. C'est ce que Glissant appelle la « créolisation » : non pas un simple mélange, mais la création d'un nouvel art de vivre, à partir de la situation antillaise.

Au Maghreb : revanche sur l'Histoire et distance critique

Au Maghreb, le développement d'une littérature en français a accompagné les combats pour la libération nationale. L'Algérien Mohammed Dib publie son roman *L'Incendie* en 1954, quelques semaines avant qu'éclate la guerre d'Algérie : son titre est apparu alors comme tout à fait prophétique[1]. Dans les années 60, les trois pays du Maghreb ont retrouvé leur indépendance. Certains critiques annoncent alors que la littérature maghrébine francophone va bientôt disparaître : elle est condamnée par les politiques d'arabisation qui veulent effacer les traces de la colonisation. Or rien de tel ne s'est passé. Après une première génération d'écrivains maghrébins francophones, active dans les années 50, une seconde est apparue dans les années 70, puis une troisième à la fin des années 80. Cette vitalité de la littérature maghrébine a même été saluée par le prix Goncourt (le plus important des prix littéraires français) décerné en 1987 à l'écrivain marocain Tahar Ben Jelloun.

En fait, l'écriture en français permet aux Maghrébins de faire connaître leur culture au monde extérieur et surtout de prendre une distance par rapport à eux-mêmes et à leurs sociétés. L'arabe, qui est la langue du Coran, est peut-être trop respecté pour pouvoir tout dire. En s'emparant du français, qui est la langue de l'ancien colonisateur, on prend une revanche sur

---

1. Prophétique : qui annonce l'avenir.

l'Histoire et on s'éloigne de soi-même : on peut alors se regarder avec une distance critique. On peut en français faire la critique des traditions, dénoncer les contradictions des sociétés nouvelles, le mauvais usage que certains font de la religion. Un roman comme La *Répudiation*[1] (1969) de l'Algérien Rachid Boudjedra a connu un très grand succès de scandale : il dénonçait avec violence la tyrannie[2] des pères dans la famille bourgeoise algérienne.

Un écrivain marocain, Abdelkébir Khatibi, fait de son bilinguisme franco-arabe une source de bonheur. Dans un roman, *Amour bilingue* (1983), qui est une sorte de rêverie philosophique, il célèbre la chance qu'est pour lui sa double langue (il l'appelle sa « bi-langue »). Son récit devient tout naturellement histoire d'amour et il trouve des mots que pourrait reprendre tout écrivain francophone :

Folie de la langue, mais si douce, si tendre en ce moment. Bonheur indicible ! Ne dire que cela : Apprends-moi à parler dans tes langues.

---

1. Répudiation : acte par lequel un mari musulman renvoie sa femme.
2. Tyrannie : autorité qui écrase.

CHAPITRE V

Les institutions francophones

Depuis quelques dizaines d'années, la francophonie a développé des institutions pour permettre aux pays francophones de travailler en commun, de multiplier les échanges, de se faire connaître dans le monde. Ce furent d'abord des associations regroupant autour de la langue française les activités les plus diverses : les maires des grandes villes francophones, les journalistes, les radios publiques, les parlementaires[1], les écrivains, les ingénieurs, les informaticiens, les sociologues, etc., s'exprimant en français.

Certaines de ces associations sont maintenant très connues à travers le monde. L'Alliance française, sans doute la plus ancienne, a été fondée à Paris en 1883, pour aider à la diffusion de la langue et de la culture françaises dans les pays étrangers par l'enseignement aux adultes. Elle a choisi une organisation très originale : chaque alliance nationale est une association de droit local, qui ne dépend pas directement de l'Alliance

---

1. Parlementaire : membre d'une assemblée législative (élaborant les lois d'un pays).

française de Paris. Il existe aujourd'hui des alliances françaises dans plus de cent pays, qui donnent des cours de français et qui sont aussi des lieux de rencontre entre culture nationale et cultures de langue française.

Les professeurs enseignant le français se sont rassemblés en une grande Fédération internationale des professeurs de français (FIPF), qui organise régulièrement des congrès internationaux (au Japon en 1996, en France en l'an 2000) où des centaines de participants comparent leurs méthodes et échangent leurs expériences.

À partir du milieu des années 80, la francophonie a souhaité s'organiser d'une manière plus efficace et plus visible, en instituant une coopération officielle entre les États francophones. Les Sommets francophones réunissent les « Conférences des chefs d'État et de gouvernement des pays ayant en commun l'usage du français ». Ils se tiennent en principe tous les deux ans dans un pays francophone : Paris en 1986, puis Québec, Dakar, Paris à nouveau, l'île Maurice, Cotonou et Hanoi (en novembre 1997). Ces sommets sont l'occasion pour les chefs d'État et de gouvernement de rechercher les convergences[1] sur les grandes questions francophones et d'adopter des programmes de coopé-

---

1. Convergences : attitudes allant vers un même but.

ration dans les domaines les plus divers, de l'agriculture à l'éducation, des industries de la langue à l'environnement, de l'énergie à la justice, etc. Les décisions des sommets sont mises en œuvre par l'Agence de coopération culturelle et technique (ACCT, qui a pris récemment le nom d'Agence de la francophonie) et, pour le domaine universitaire, par l'AUPELF-UREF.

L'Association des universités partiellement ou entièrement de langue française (AUPELF) réunit les universités qui enseignent en français (et les centres où l'on enseigne en français). Des programmes de bourses, des réseaux de chercheurs rassemblés dans l'UREF (Université des réseaux d'expression française) favorisent les échanges entre universitaires francophones. L'AUPELF soutient particulièrement tout ce qui conserve au français son statut de grande langue scientifique. Elle multiplie les efforts pour permettre l'accès en français aux nouvelles technologies (les « autoroutes de l'information[1] »). Elle est récemment devenue l'Agence francophone pour l'enseignement supérieur et la recherche.

Le Sommet de Québec, en 1987, avait pris la décision de créer des Jeux francophones, cultu-

---

1. Autoroutes de l'information : réseaux de télécommunication transmettant de manière interactive textes, images, sons et données informatiques.

rels et sportifs. Les premiers se déroulèrent à Casablanca, au Maroc, en 1989 ; les deuxièmes eurent lieu à Paris et dans la région parisienne en 1994 ; les troisièmes à Madagascar en 1997. L'originalité de ces rencontres de la jeunesse francophone est d'associer le sport à la culture : on y court et on y saute, on joue au football, au basket-ball ou au tennis de table, mais aussi on y chante, on y danse, on y conte des histoires, on y montre des tableaux ou des sculptures.

Parmi les autres instruments de la coopération francophone, on peut citer le Conseil international de la langue française (CILF), qui étudie les problèmes d'orthographe, de grammaire, de terminologie. Une chaîne de télévision, TV5, qui réunit des programmes des différentes télévisions francophones, est diffusée par satellite et par le câble : c'est une des réalisations les plus visibles de la francophonie ; elle doit permettre d'offrir la possibilité de recevoir, partout dans le monde, des programmes de télévision en français.

L'Agence de coopération culturelle et technique traduit en actes et en opérations de développement les déclarations et décisions des sommets francophones. L'Agence joue un rôle fondamental en aidant à la publication et à la diffusion

Sommet francophone de Cotonou (Bénin, 1995). Madame Nguyen Thi Binh, vice-présidente du Viêtnam, le président français Jacques Chirac, le président du Bénin, Nicéphore Soglo, le Premier ministre canadien Jean Chrétien.

de livres en français distribués aux écoliers et élèves des pays du Sud. Mais son action est multiforme et concerne aussi bien la formation (avec une priorité donnée à la formation à distance), la communication, le développement technique ou économique, la coopération juridique[1], etc. En septembre 1996, l'Agence regroupe 39 États membres, 5 États associés et 2 gouvernements participants. Elle est présente à travers le monde par des bureaux régionaux et des correspondants nationaux dans les divers pays participants.

On a parfois reproché à la France et aux Français de ne pas assez s'intéresser à la francophonie. Il existe en France, depuis 1988, un ministère de la Francophonie, qui témoigne de l'importance que le gouvernement français attache à la francophonie.

Chaque année, une « Journée de la francophonie » invite les enseignants et les élèves à s'intéresser plus particulièrement aux réalités du monde francophone.

---

1. Juridique : qui a rapport au droit et à la justice.

*B*IEN QU'IL SOIT très difficile de donner des chiffres sûrs, on estime qu'il y a actuellement environ 130 millions de francophones dans le monde : ils représentent 2,5 % de la population mondiale, ce qui peut sembler très peu. L'anglais est parlé par plus de 500 millions d'hommes (11,3 % de la population mondiale), le chinois par plus d'un milliard d'hommes (20 % de la population). Mais les chiffres ne disent pas tout. L'anglais et le français sont des langues de diffusion intercontinentale, ce qui fait leur rayonnement. Certes, le français est beaucoup moins diffusé que l'anglais, qui est aujourd'hui la langue d'intercommunication de l'humanité. L'évolution est irréversible[1] : il serait absurde de partir en guerre contre cette réalité.

On continue pourtant d'apprendre le français. Il n'y a sans doute jamais eu autant d'élèves apprenant le français qu'aujourd'hui. Si l'enseignement du français diminue dans certains pays (en Europe notamment), il gagne de nouveaux pays (en particulier en Asie, en Afrique anglophone).

En s'organisant, la francophonie apparaît comme

---

1. Irréversible : qui ne peut pas être inversé.

une forme de résistance à l'uniformisation, à la mondialisation. Elle montre qu'il existe d'autres manières de vivre et de penser que celles qui tendent à s'imposer par la logique marchande[1]. Surtout, elle offre la chance de faire se rencontrer des cultures différentes.

La francophonie se construit en obligeant les Français à abandonner le sentiment de supériorité qu'ils avaient hérité des siècles précédents. Si la francophonie est la réunion des pays où l'on parle le français, si elle se fonde sur le partage d'une même langue, elle est devenue l'un des grands attraits de la langue française. Le français est une langue qui exprime l'heureuse diversité du monde.

---

1. Logique marchande : logique propre à l'économie de marché.

La langue

Accent : manière de prononcer une langue qui est propre à une région.

Américanisme : mot, expression propres à l'anglais d'Amérique du Nord.

Anglicisme : mot ou expression que l'on emprunte à l'anglais.

Anglophone : qui parle l'anglais.

Bilinguisme : fait de parler deux langues.

Créole : langue née, dans une situation coloniale, du contact entre une langue européenne et une ou plusieurs autres langues, souvent d'origine africaine.

Dialecte : variété régionale d'une langue.

Français standard : variété de la langue française considérée comme modèle.

Francophone : qui parle le français.

Franglais : français mêlé de beaucoup de mots anglais.

Langue d'éducation et de culture : langue dans laquelle se fait l'enseignement et qui permet l'accès à une culture universelle.

Langue germanique : langue parente de l'allemand.

Langue maternelle : langue dans laquelle l'enfant apprend à parler.

Langue d'usage : langue utilisée dans la vie quotidienne.

Langue nationale : langue d'une communauté ethnique, dont l'usage est reconnu dans l'État auquel cette communauté appartient.

Langue officielle : langue reconnue par un État pour la rédaction des textes qui ont force de loi.

Langue régionale : langue parlée dans une région (souvent minoritaire).

Langue romane : langue née du latin (comme le français, l'espagnol, l'italien, le portugais, le roumain...)

Langue véhiculaire : langue qui permet de communiquer entre personnes de langues maternelles différentes.

Langue vernaculaire : langue propre à un pays ou une communauté.

Linguistique : adjectif : qui est propre à la langue ; nom : science qui étudie les langues.

Langue d'*oïl* / langue d'*oc* : l'évolution du latin sur le territoire de l'ancienne Gaule a donné naissance à deux langues nettement différentes que l'on désigne par le petit mot qui signifiait « oui » : *oïl* au nord, *oc* au sud.

Multilingue : qui utilise plusieurs langues.

Néologisme : mot nouveau introduit dans une langue.

Voyelle : son du langage, qui résonne dans la bouche (tandis que la consonne, produite par l'air au contact d'un obstacle, ne peut pas être prononcée sans s'appuyer sur une voyelle).

QUESTIONS POUR COMPRENDRE

Chapitre I

1. À quelle époque le français est-il né ?

2. Quel a été le rôle de la langue française dans l'histoire de la France ?

3. Qui a fondé l'Académie française ? Quel était le but qui lui était fixé ?

4. Parle-t-on le même français d'un bout à l'autre de la France ?

Chapitre II

1. Dans quels pays le français est-il parlé ?

2. Pourquoi le français s'est-il parfois transformé en créole ?

3. Qu'est-ce qui a permis au français de continuer à être parlé au Canada ?

4. Pourquoi parle-t-on français en Afrique ?

Chapitre III

1. Qu'est-ce que le « joual » ?
2. Pourquoi les Québécois utilisent-ils des mots différents de ceux du français standard ?
3. Quels sont les traits propres au français d'Afrique ?

Chapitre IV

1. Distinguez le sens des expressions : « la littérature francophone » et « les littératures francophones ».
2. Pourquoi le chanteur Félix Leclerc a-t-il repris et transformé une vieille chanson française ?
3. Qu'est-ce que la « négritude » ?
4. Quel est, selon l'écrivain Édouard Glissant, le mal dont souffrent les Antilles ?
5. Pourquoi les écrivains du Maghreb continuent-ils d'écrire en français ?

Chapitre V

1. Qu'est-ce qu'un « sommet francophone » ?

2. Que désignent les expressions abrégées ACCT et AUPELF ? Quelles actions ces associations mettent-elles en œuvre ?

3. Depuis quand y a-t-il en France un ministère de la Francophonie ?

Édition : Martine Ollivier

Couverture : Michèle Rougé
Illustration de couverture : Viêtnam /Da Nang. Photo : Simmons Ben / Sipa Image
Coordination artistique : Catherine Tasseau

Illustrations de l'intérieur :
Carte P. 4 : Graffito.
P. 6-7 : photo Alexis Duclos / Gamma.
P. 14-15 : photo Frédéric Hanoteau.
P. 20 : photo C. Vaisse / Hoaqui.
P. 28-29 : photo J. C. Gadmer / CIRIC.
P. 54-55 : photo Jacques Witt / Sipa Press.
Recherche iconographique : Gaëlle Mary / Valérie Niglio

Crédits textes :
David Diop, *Coups de pilon*, Présence africaine, Paris, 1967. (DR)
Abdelkébir Khatibi, *Amour bilingue*, Fata morgana, 1983. (DR)
Amadou Kourouma, *Les Soleils des Indépendances*, Le Seuil, Paris, 1976. (DR)
Félix Leclerc, *L'Alouette en colère*, éditions Canthus, Suisse. (DR)
Léopold Sédar Senghor, *Poèmes*, Le Seuil, Paris. (DR)

Réalisation PAO : Marie Linard

N° de projet : 10048240 - II - 10 - OSBT 80°
Juillet 1998
Imprimé en France par l'Imprimerie France Quercy - 46000 Cahors
N° d'impression : 81356 FF